我聞先生の人生指南

我聞宗心

22世紀アート

はじめに

日本はかつて世界第二位の経済大国を誇り、右肩上がりの成長を謳歌していた。だがバブル経済の崩壊後、「失われた三十年」と呼ばれた景気低迷の時期が続き、その間に日本は世界の主要国に次々と追い抜かれていった。

かろうじてＧＤＰは第三位を保っているものの、もはや世界のトップグループの国であるという気概は、少なくとも一般庶民の間にはない。さらに少子高齢化が追い討ちをかけ、今や若者一人が老人一人を支えるという異常な事態になっている。だから、若者たちには明日の日本を牽引していこうという覇気がほとんど見られない。

しかし一方で客観的な事実を見れば、日本では今もって飢え死にする人がほとんどなく、平均寿命も世界最高水準である。日本に出稼ぎに来ている途上国の人々から見れば、日本はとても幸せな国に思えるに違いない。

にもかかわらず、自分は幸せだと思っている日本人は意外に多くないのだという。実際に私のところにも自分が抱えている悩みを相談に来る人は少なくない。何をそんなに悩むことがあるのかと驚いてしまうが、いろいろと相談を受けているうちに、みなさんの悩みに類型的なパターンがあることがわかってきた。

そこで典型的な悩み相談を十八の質問にまとめ、私がそれに口頭でお答えしたものを書籍化することにした。インタビューは男女各一名の編集者が行ったが、その質問も活字にしている。

私は本年八十五歳である。浜名湖の畔で悠々自適の生活を送っているが、浮世離れしたわけではない。私の回答は時には耳に痛いかもしれないが、自由に生きることの大切さ、楽しさを伝えたつもりである。ご一読いただき、読者の人生にわずかでも資するところがあれば幸いに思う。

二〇二二年十一月

我聞宗心

我聞先生の人生指南　目次

取材・構成・撮影　有限会社　悠々社

相談1　やりたいことがない

「やりたいことがない」というのは前向きに生きていない証拠。人とぶつかることを恐れずに、自分の頭で考えたことを実行していくべきです。

――今の時代、特に若い人や子供たちの中に、「やりたいことがない」という人が増えているようです。我聞先生はこれまでにいろいろなことをやられてきましたが、「やりたいことがない」という若い人にどんなアドバイスをしますか？

我聞　やりたいことがない人なんて本当にいるの？　そういう人は自分で探すしかないね。私に言わせれば、「何考えて生きてるんだ」と逆に聞きたいところです。

――そういう人たちは、どうやったら「やりたいこと」が見つかるのでしょうか。

我聞　まずは頭を使わなきゃダメだよね。

――例えばどこかに行くとか、誰かと会うとか、そういうことできっかけを作るということでしょうか？

我聞　そういうことも大事だけど、やりたいことがあるということは、自分で本をたくさん読むとか、いろいろな人の意見を聞くとか、そういうことによって自分がどんどん広がっていった結果、生まれてくるものだから、とにかくまずは自分から動いてみることですよね。それによってやりたいこともできてくるでしょう。

とにかく、一か所にじっとしていてはいけないと思うね。私はここ（我聞亭遊庵）が十三番目のふるさとだよ。本にも書いたけどね。『誇りある人生　十三の故郷』という、一番初めに書いた本に書いてありますよ。いろいろな場所で暮らしていくうちに、世の中を違った角度で見られるようになる。そうやって多角的に自分を眺めていくと、自分という存在がどんなものかがわかってきます。すると、やりたいことも見えてくるはずです。そういうふうに考えていかないと、人生楽しくないですよ。

――先生は子供の時からやりたいことが決まっていたんですか？

我聞　私の子供時代はやりたい放題でしたね。小学校に入った時は、私の時代は靴なんかないから、わら草履を自分で作って学校に通いましたよ。帰ってくる時には壊れてしまうか、どこかになくしてしまって裸足ですよ。そして裸足のままで、すぐ近くを流れていた気田川（けたがわ）という天竜川に注いでいるきれいな川に行って、夕方まで泳いでいました。それから家に帰って、風呂焚き。親父から自分が帰るまでに必ず風呂を沸かしておくようにと言われていたから、薪を割って火をつけて、毎日お風呂を焚いておきました。

――薪を焚いてお風呂ですか。

我聞　ガスなんかありませんから、当たり前ですよ。それだけじゃなくて、家の用事はみんなやれと言われていました。親父は山仕事で、おふくろは農業やってるから、暇なのは私だけでした。

――でも宿題とか学校の勉強もありますよね？

我聞　親父からは「学校って教わったことは全部学校にいる間に覚えてこい」と言われていました。家では勉強をするなと。学校にいる間に全部頭に入れられないのはバカだと言われて、そういう習慣になっていましたね。

だから家では勉強はしません。そのおかげで、授業中はものすごく集中していました。慣れてしまうとそのほうが自分も楽ですね。

――我聞先生のご実家はお寺でしたね？　それでもお父さんが山仕事で、お母さんが畑仕事をやっていたと。

我聞　うちはお寺で、静岡県に四軒お寺があるんですよ。私も坊さんの資格は取りましたが、僧侶にはなりませんでした。資格を取ったのは、取らないと親父が怒るからです。でも、取った後は自分のやりたいことをやってきました。

――薪をくべてお風呂を焚いている時も、将来やりたいこととかいろいろ考えていたんですか？

我聞　風呂焚きをしている時は、遊ぶことばかり考えていましたね。何しろ遊ぶのが好きだったから。野球も好きだったし、水泳や陸上では小学校の時から選手でした。中学の時には百メートルを十二秒フラットで走りました。裸足の時代ですよ。高校に行ったら靴を履くようになったので、十一秒四という記録を出しました。

――速いですね。

我聞　七十年前ですよ。水泳だって水難救助指導員という資格を持っていて、今までに十二人助けています。

――先生から見て、今の若い人がやりたいことがないとか言ってるのはおかしいですか？

我聞　はっきり言えば人間がダメなんですよ。やりたいことをどんどんやれるような頭を持って、世の中も見て、自分なりに世の中を直していこうとか、そういう気持ちを持たないとダメですよ。批判ばっかりしてちゃいけません。私はそう思いますね。

――まずは「自分はこうしたい」という意見をしっかり持つべきと。

我聞　そうですよ。そのための自分。一個の人間ですよ。せっかく一人の人間として生まれてきたわけですから。世界でただ一人の自分であるということを強く意識しないと。私は昔からそういうのが非常に強い男でしたから、絶対人には負けないっていう気持ちを持っていました。だから、ケンカなんかしょっちゅうです。

――今の人はケンカしませんね。

我聞　私はケンカばっかりしてました。小さい時からケンカ大好き。

相談2　生きていて楽しくない

やりたいことをやっていれば、お金もついてきます。自分の力で稼ぐ毎日が、楽しくないはずがありません。

――では二番目の相談です。「生きていて楽しくない」っていう、こういう若い人も結構いますよね。

我聞　なんで楽しくないの？

――最初の相談に関連しますが、やりたいことをやってないからじゃないですか？

我聞　そうですね、やりたいことをやっていれば、だんだんお金もついてくるものです。人生にはそういう面がありますね。

――やりたいことをやっているとお金がついてくるんですか？

我聞　ついてきますよ。それは私の人生が証明しています。というのは、自分がやりたいと思っていることは、他人も同じことを考えている可能性が高いわけです。もちろん全部じゃありませんけどね。だから、やりたいことをやっていくと、同じ考え方を持っている人に広がっていきます。そうなると、お金も楽になるんです。

実際、私は十八歳の時からお金に困ったことがありません。私は一浪したので、十八歳の四月に担任の先生に紹介されて、浜松の綿布問屋の寮に住み込みで入りました。その年の八月に、家庭教師をやっていた家のお父さんから「うちの前が空いてるから使っていいよ」と許可をもらい、そこに今で言うところのスーパーマーケットを出しました。

そこに女の子を三人雇って店員として働いてもらい、翌年に私が中央大学に受かると、上野や浅草で仕入れた安いものを浜松に送ってその店で売りました。三日に一度のペースで東京で仕入れた品物を荷造りして、浜松に送っていました。その商売がうまくいって、私は親から一銭ももらわずに大学を出ることができました。

――これをやれば商売になると、ぱっと気がついたわけですか？

我聞　いろいろ考えながらまわりを見ていると、あれはいいなとかの気づきがあります。そんなふうに世の中を読むことも、できるようにならないとダメだと思いますよ。自分が今生きているのはどういう世の中なのか、これからどんなふうに変化していくのか。そんなふうに先が見えないと。

私の場合は、そういうのがぱっとわかりました。勘というのか、ひらめきというのかわかりませんが、どういうわけか、こんなふうにやったら儲かるんじゃないかと思いつきます。これまで、それで全部やってきました。

学校の先生をやっている時にも、スナックを七軒経営していました。今もダメかもしれませんが、もちろん当時は副業禁止です。でも学校のまわりで、女の子を採用してやらせていました。とにかく人生が楽しくて、なんでこんな楽しいかなと思っていました。当時の三ヶ日高校の生徒が、今でも私のお茶の生徒です。もう七十五歳だけど、お菓子を作って毎日持ってきてくれます。

今月の花

相談3　年収が上がらない

収入が不満なら、稼ぐ算段を考えることです。雇われて働いているだけでは、思うような収入を得ることは難しいかもしれませんが、自分の時間をフルに使っていけば、チャンスはあります。

――その次は「年収が上がらない」というお悩みです。要するに給料が安いとか、パートで働いている時給が上がらずに生活が苦しいということですね。

我聞　そんなのは、パートとか正社員で働いている時間だけが働くことだと思っているからですよ。だってほかの時間がいっぱいあるじゃないですか。労働時間は八時間でしょう？　一日二十四時間から八時間を引くと、十六時間も残っているじゃないですか。もちろん五時間は寝なければいけないし、食事の時間もあるでしょう。それでもあと十時間働けるじゃないですか。なんでそう思わないの？　私なら文句を言う前に、まずそれを考えますね。

――なるほど。もっと給料の高い仕事に変えるとかそういうのじゃなくて。

我聞　仕事ももちろん変えてもいいですけど、変えたって八時間労働ですからね。残業時間もあるかもしれないけど、それは別として、残り時間があるんだから、それを使ってやれることがいっぱいあるんじゃないですか。たとえば本を書いて売れれば儲かるし。私の本だって印税が入ってきますよ。

もっとも私の場合はアパートとマンションを合計八棟持っていますから、そこからの家賃収入で十分に暮らしていくことができます。ハワイにも別荘がありますからね。

そのアパートとマンションの管理ですが、私は全部自分でやってきました。

――人任せにしないんですか？

我聞　なかなか人に任せることはできません。任せる自信がないというか、人はこういうところで手抜きをする、というのがわかっているから、させたくないんです。それなら自分でやっちゃったほうが気分がいい。資格があったら不動産の経営は簡単にできますよ。

——アパート経営はいつ頃から始めたんですか？

我聞　二十三歳の時です。倉庫の二階に六部屋のアパートを建てたのが最初です。

——ではそのころからもう建築資金のお金を貯めていたわけですね？

我聞　ある程度のお金はありましたが、建築資金は銀行からの借り入れです。そのほうが税制上有利ですから。

アパート経営を始めたきっかけは、アパート経営の講習会というのがあって、そこに行ったら受講者が三人しかいませんでした。お金がない時代でしたから、そんなこと考える人が少ないんです。よし、これだと思って始めたわけです。建築資金を借入でまかなうと税制面で得をするというのも、その講習会で教わりました。そこで、同級生がいた銀行から資金を借りて建てました。

――それが初めの一棟で、それが八棟まで増えたんですね？

我聞　最初に建てたアパートには、私自身も入居して管理人をやりました。朝夕にアパート周辺の掃除をしたり、入居者に不便なところがないか聞いたりしました。

その後、アパートは増え続け、今では八棟になっています。

――もうこれからはアパートを建てないんですか？

我聞　もう十分にお金が入ってきますからね。手をつけていませんが、公務員としての年金も入ってきます。

相談４　老後に生活できるか心配

たとえ今の暮らしが安定していても、人生百年時代に備えて計画を立てておかなければなりません。親からもらった頭を全力回転させて、将来を見通しましょう。

――「老後に生活ができるか心配だ」というお悩みにはどう答えますか？

我聞　まずは毎日毎日を真剣に生きることですね。

――ちゃんと計画を立てろということですか？

我聞　当たり前ですよ、生きてるんだから。今日だけの問題ではなくて、ちょっと生活が安定してきた場合にも、自分がどういうことをやったら将来にわたっても安定して生きていけるかを考える。これが大事です。

今生きているからいいというのではなくて、人生には未来があるんです。これから人生百歳の時代でしょう？　長いんですから。しっかり考えるのは当たり前じゃないですか？

——ところが考えてない人もいます。

我聞　それはバカです。話になりません。私はそういう人は嫌いです。だって、生まれつきの才能の差はあるとしても、せっかく親から持たされた頭を使わないというのは怠慢でしょう。そこが利口とバカの差になるんです。

自分の頭をどう使うか。考える力だってみんなそれぞれにあるわけだから、性能のいい悪いは別として、何のために頭があるのって私は言いたいですね。

——自分が七十歳になった時にいくら必要で、年金はいくら足らないのかをちゃんと計算して、何かお金が入る算段をしておかなければいけないということですね？

我聞　当たり前ですよ、そんなの。今の生活に満足していても、明日のことを忘れていたら痛い目に遭いますよ。いつ会社だって潰れるかわからないでしょう。人間はそういう危機感を持って生きないと。

私がそう言うと、「そんなに神経質になりたくない」と反論してくる人がいますが、それは神経質というものではなくて、自分が生きるために当たり前のことです。

相談5　友だちがいない

いろいろな人と付き合うことは、必ず自分にプラスになります。相手にされないことを恐れて話しかけないのは損でしかありません。勇気を出して話しかけてみましょう。

――次は「友だちがいない」というお悩みです。

我聞　友だちがいないなら作ればいいじゃないですか。

――どうやって友だちを作ったらいいのかわからないんでしょうね。

我聞　友だちを作るには、とにかく初対面の人に話しかけることが大事じゃないですか。それに消極的な人が多いから、こういう悩みが出てくるのでしょうね。

でもそれは、人間対人間ということを理解していない証拠です。簡単に言えば、「相手も同じ人間だよ」と思うことです。自分と違うんじゃないかとか、自分より上ではないかとかって思うと、話しづらくなっちゃうわけです。

相手がどう思おうと、例えば相手が博士や大臣であろうと、とにかく話しかけてみてください。向こうはちゃんと受け入れてくれると思いますよ。まずはそういう気持ちがものすごく大事です。

私は初めての人と話すのに恐れたことはありませんよ。もし向こうが相手をしてくれなかったら、ケンカしちゃうからね。「何でお前は俺に話ができないんだ。俺より上だと思ってるのか。どこが上だか言ってみろ」って、どんどん追求します。

——話しかけるのに話題がないという人もいるかもしれません。先生の場合はいくらでも話題がありますよね。

我聞　話題が少ない人って、自分が生きてないんですよ。そういう人は毎日が死んでいます。

――ちゃんとした趣味を持ってないとかもありそうですね。

我聞　趣味を持っていろいろと前向きに生きるという頭がないと。誰と付き合ったって、誰と話したって、自分にプラスになることが多いんです。そういうことがわかっていれば、臆することなく話しかけられるでしょう。

それができないのは、「自分は自分だ」と思っているからですよ。そういう了見は改めて、もっと広い人間になって欲しいですね。

――先生はどなたかお友だちに助けてもらったこととかありますか？

我聞　私は人を助けてばっかりです。人命救助で十二人助けていますしね。だけど、今でも助けてもらっている人はいますよ。それは、私の料理を作ってくれる人です。もちろん無償というわけではないのですが、それでも気持ちを込めて作ってくれていますから、感謝しています。そういう人が三人いて、一番上が七十五歳で一番下が七十二歳。

――先生のお友だちは女性のほうが多いですか？

我聞　男性も多いですよ。お茶の生徒なんかは、みんな男性です。もちろん私は女性が大好きです。私にとって女は異性なんだから好きに決まってるじゃないですか。女の人を嫌いになったら、どうやって生きていきますか？　世の中、男と女しかいないんですよ。それを女嫌いだって言う人は、ちょっと頭がおかしいんじゃないかと思いますね。

桃源郷

相談6　兄弟姉妹とうまくいかない

仲良くしたほうが結局は得です。我を通してもいいことはありません。みんな家族なんですから、広い心で付き合っていくことです。

——次は兄弟姉妹と仲が悪いというお悩みです。

我聞　なんでうまく行かないのかね。

——先生はご兄弟仲は？

我聞　私のところは仲いいですよ。先日も妹が友だちを連れて遊びに来ましたし。兄貴はもう死んじゃったけど。

――先生は何人兄弟ですか？

我聞　私は七人兄弟の末っ子です。もう兄貴は九十八とか百まで生きて亡くなりました。三人いる兄のうち二人は戦争に行って生還しています。

――ではお姉さんが三人？

我聞　そうです。にぎやかな家族でしたよ。

――兄弟ゲンカはしたことありますか？

我聞　ないね。ケンカの原因って何？

――例えばお菓子の取り合いをするとか。

我聞　お菓子なんかない時代だからね。うちになっている柿だとか、そういうの食べてた時代ですから。

――大人になると、お嫁さんが気に食わないとか、兄弟親族の中でも仲が良くないお家って結構ありますよね。先生のところはそういうことはありませんか？

我聞　ないね。私は兄貴の奥さんとも仲良くするし、自分の家族だと思って付き合っているから。だって好き嫌いの問題じゃないですよ。家族だと思っているから。

向こうは私に変なことするわけじゃないし、嫌いになる理由がないでしょう？　それは顔好き嫌いはありますよ。だけどそれは言えないじゃないですか。私が選んだんじゃないんだから。そんなこと言ったら失礼ですよ。

なにより、仲良くしたほうが得じゃないですか。自分も気持ちがいいでしょう？　家族も仲良くなって兄弟も仲良くなってね。それが広がれば世界が仲良くなって平和になっていくじゃないですか。人類皆兄弟ですから。そういう気持ちでいますね、私は。

――もっと広い気持ちで相手と付き合えば大丈夫だと。

我聞　お茶をやってたって、私は月謝はいらんよと言ってるんですよ。もうさんざんもらったからいいよって。お金がある人はくれればいいし、出したくなければ出さなくてもいいよって。でも、みんなくれますよ。

我南塾
一、三つの恩
一、三つの徳
一、三つの善
一、三つの悪

相談7　結婚できるか心配

世の中、人はたくさんいます。一人にアタックしてダメでも、次から次へと挑戦していけば、自分に合う人は必ず出てきます。一人に振られたくらいでウジウジ悩んでいるのは時間のムダです。

我聞　次のお悩みは何ですか？

――自分が結婚できるかどうか心配であるというお悩みです。

我聞　そんなの、相手にアタックしなきゃダメですよ。何を心配しているの？

――もしかしたら振られるんじゃないかとか。

我聞　振られたらほかに相手はいっぱいいるじゃないですか。ごちゃごちゃ言ってないで、一人に振られたら、次の人を探せばいい。世界に相手が一人しかいないわけじゃあるまいし、なんでそんな変な気持ちになるの?

――先生は恋愛結婚ですか?

我聞　そうです。もう子供も六十になりますよ。地元の女性で、高校時代から付き合ってて、大学から帰って結婚しました。

――女性側から結婚のことを考えると、今の男の人って収入があまりなかったりするから、結婚しても専業主婦は難しいですね。

我聞　私はね、結婚した以上は男が全部責任を持つべきという考え方です。俺が全部責任持ってやるから働かなくてもいいよと。

——男ならそういう甲斐性を持てと。

我聞　持たなきゃダメですよ。逆にそのくらいの覚悟で生きていけば、自分が楽しいし、何にでも挑戦できるでしょう。私の時代は公務員が副業やっちゃいかんっていう時代だったけど、スナックを七軒もやって、アパートだって八棟も持って経営してたんですよ。でも文句を言う人は誰も来ませんでした。

それで、授業がない時は遊んでばかりいました。今じゃ通用しないと思うけど、柔道の先生と授業のないときに骨董市とかによく行っていました。その先生が骨董市好きで、私もいろいろ集めていたから。私も自分も陶器を焼いたりしていたことがあります。敷地内に今も陶芸場がありますから。

——陶芸は今もやってらっしゃるんですか？

我聞　もう今はやってません。生徒がやりたいと言えばやらせますけど。今は夕方六時になると寝ちゃう生活ですから、一晩中窯焚きなんかできないですよ。

――女の人で結婚できるかどうかが不安と思っている人がいたら、どういうふうにアドバイスしますか？

我聞　何も心配しないで、次から次にアタックすればいい。

――女の人でも？

我聞　女も男にアタックすればいいじゃないですか。世の中いっぱい人間がいるんです。こんなに人がいて、何で一人くらい掴まえられないと思うんでしょうか。もしも「あんたは嫌いだ」と言われたとしても、他にいっぱいいるじゃないですか。絶対合う人が一人はいますよ。

――自分でどんどん動いて探していけと。

我聞　そこですよね。積極的に動かないのなら、何のための人生なの？

相談8　借金がありお金が貯まらない

お金のことで悩むのは、経済観念がないからです。世の中の経済の動きに気を配り、次にどういうことが起きそうかを予測して行動していれば、お金は貯まります。

――「借金があってお金が貯まらない」というお金に関するお悩みです。

我聞 住宅ローンとかもそうですよね。借金で悩むのは、経済観念がないからですね。

――根本的に問題があると？

我聞 お金の価値は、今世の中でどういう流れがあって、それが次はどうなるかで変わってきます。今は一ドル百五十円くらいですが、私が先生をしていたころは一ドル百円とか百十円でした。たとえ為替に関係がないと思っても、お金の流れというのは把握しておかないとダメだと思いますよ。

借金があってお金が貯まらないというけれど、借金はしてもいいんです。私だってアパートを建てるときなんかは一億円借りたりします。

――持っているお金で建てるんじゃないんですね？

我聞　持っていても借金で建てた方が得なんです。マイナスがあれば税金が安くなりますから。そういう頭がないから、みんなお金が貯まらないんですよ。

私はお金が貯まっても、銀行には入れません。泥棒に聞かれると困るから、あまり大きな声では言えないけど、今でも現金で五千万円くらいはここに置いてありますよ。一千万円がちょうど入る手提げ金庫があって、それが五、六個置いてありますから。見せてやらないと信用しないだろうから、見せてやる。ちょっと待っててな。

――恐れ入りました。現金をこんなに生で見たのは初めてです。

我聞　これ原稿に書くの？　そうすると「あいつの金を盗ってやろう」と考える不心得者が出てくるかもしれない。だけど、そいつが家に入ってきたって平気だよ。うちには居合いで使う真剣があるから、入ってきたらぶすっと刺しちゃうからね。

――そういえば真剣がありましたね。

我聞　よく切れますよ。太い竹なんか切ると気持ちがいいですよ、スカッとして。

相談9　子育てがうまくいかない

子供が親の言うことを聞かないのは、親が頭ごなしに何でも命令するからです。なぜそうなのか、理屈をきちんと説明して、子供自身に考えて行動を選択させてやれば、バカなことはしなくなります。

――次は「子育てがうまくいかない」というお悩みです。

我聞　子育ての何がうまくいかないの？

――例えば子供が悪いことをして補導されちゃうとか。

我聞　悪いことって、人殺しとか？

――万引きをするとか。

我聞　万引きなんかしたっていいじゃない。私は万引きしちゃダメだって言いません。「お前、いいことしたな」って言いますね。

なんでかわかる？　万引きしたということは、その品物が欲しかったわけでしょう？　少なくとも欲しいっていう意欲があって、行動に移したわけです。「やりたいことがない」なんて言っている無気力な人よりもよほどマシですよ。

そしてその意欲を買ったうえで、「お前、それ欲しかったんだ。だけどお店の物をお金を払わずに持ってきたら、お店の人が困るじゃないか。ではそれを手に入れるためにどうしたらいいと思う？」とゆっくり考えさせる。この時、問答無用に怒っちゃダメです。たいていの子供は「お金があればいい」という答えを出してきます。「ではそのお金を手に入れるにはどうしたらいいか、自分で考えてみよう」とだんだん先に進めていきます。

そういう方向に意識を持っていきます。

悪いことをただ「悪い」と決めつけて叱るのではなくて、その子がそういうことをしない方向に指導するのが親じゃないですか？　私はそう考えます。

――例えば未成年なのにタバコを吸ったりお酒を飲んだりして、それで警察に捕まったりした場合は？

我聞　未成年がタバコを吸うことについて、私は別に悪いとは思わないんだけど、ただ問題なのは、未成年はまだ体が未熟なんですよね。その時期にアルコールとかタバコを摂取すると体に良くないよっていうのは、まず説明してやらないとダメです。本人たちはわかってないと思うんですよ。だから、ここでもただ怒るだけじゃダメです。

私が子供だったら、「なんで怒るの」と反論して「理由は何？」と聞くと思います。今はもう理屈が浸透しているから、理論的にちゃんと説明してやれば理解できるでしょう。そこで納得させる必要があるんです。そうしないと、ただ怒られるから、法律に違反しているからだけでは、本人の好奇心に負けてしまいます。

たとえば、親戚の人で肺ガンや肝硬変で早くに亡くなった人がいれば、その人の例を挙げるのもいいでしょう。「あの人は三十五歳で死んじゃった。若い時からタバコを吸っててね、医者が辞めろと言っても聞かなかった」とか。

そう言えば、子供でも「ああそうか」って思うんじゃないですか。それはできるだけ若い時期に教えてあげたほうがいいですね。

――要するに、ちゃんと子供と向き合ってきちんと理屈を話せと。

我聞　そうですよ。ただ悪い、バカだとか言ってるんじゃなくて、理由をちゃんと言ってやるのが親の務めです。子供だって頭ごなしに命令されるんじゃ反発してしまうでしょう。だからそのあたりをしっかりと納得させる必要があると思います。

相談10　子供が学校に行かない

学校に行きたがらないのは、何か理由があるからです。そこを見ないで無理に行かそうとするくらいなら、学校を辞めさせて家で勉強させたほうがいいでしょう。

――次も今のお悩みの続きみたいな内容ですが、「子供が学校に行かない」というお悩みです。いわゆる「不登校」で、結構増えている問題ですね。これはどうしたらいいでしょうか。

我聞　私なら、学校に行かないなら、学校を辞めなさいって言いますね。行きたくないなら無理に行く必要はありません。行かないなら辞めちゃえと。代わりに私が教えてあげるから、毎日ここに来なさいと。

行きたくないのには、それなりの理由があるはずです。それを親が家で悶々と悩んでいても、ひとりでに解決したりはしません。いじめられているのか、何か恥ずかしいことをして悩んでいるのか、子供と向き合って話し合うしか解決の糸口はないのですが、子供が話してくれなければ、とりあえず学校を休ませるしかありません。

――今、学校に行かないで不登校をネタにしたユーチューブをやっている子がいるんですが、それを見てくれる人たちがたくさんいて結構話題になっていますが、そういうのはどう思いますか？

我聞　いいとは言えないけど、そういうことを思いつく考え方そのものは、いいことだと思いますよ。そこは怒っちゃいけません。

思いつくということは、内容のいい悪いは別にして、評価すべきです。たとえ悪いことを考えてもいいんです。いいことを思いつくのはもちろんいい。だから悪いことを思いついた子供に対しては、「なんでそういうことを思いつくの。それは悪いことでしょ」じゃなくて、「あ、そういうことをお前は気づいたのか。立派だな、すごいな」と褒めてやらないと。それによって子供がちょっと変わると思いますよ。

思いついたことは内容はどうであれ、いいんですよ。自分なりの能力で思いついたんだから。人がどうでもいいじゃないですか。親はどうでもいいじゃないですか。子供本人のことを考えれば、「よかったね」と褒めてやらないと。たとえ悪いことをしたって、「よかったね。いい経験だよ」って言えばいい。人生なにごとも経験です。そういうふうに対応してやると、全然違ってくると思いますよ。

相談11　夫婦仲が良くない

お互いに大好きになって結婚したのに、夫婦仲が悪くなったというのは、お互いの理解不足です。結婚する前に戻ってやり直すことができないのなら、仲良くする努力をお互いにするべきです。

――夫婦仲が良くならないというお悩みです。

我聞 それはお互いの理解不足ですね。まず基本的には原因はそこですよ。私だったら、「じゃあ何でその人と結婚したの？」って言いますね。プロポーズしたその時点に戻ってみて考えてみればいい。

――恋愛結婚だったら、好きになって一緒になったわけです。

我聞 当たり前でしょ。だから何で今になって仲が悪くなったのか。そんなことだったら、お互いに結婚する前に言えということでしょう。

――でも、例えばお見合いで結婚して六十歳とかになってもずっと仲良くできなくて、お互いに相手に不満があったりして仲良くないご夫婦って、結構いらっしゃるんじゃないでしょうか。そういうのとかはどうですか？

我聞　じつは私のところにもこういう相談が結構きています。でもね、やっぱり結婚して二十年も三十年も経ってからそんなことをごちゃごちゃ言ってるのはおかしいです。やっぱり何で結婚したのか、二人で元に戻って考えてみる必要があるでしょう。

ある夫婦に私がそう言ったら、「わかりました」と家に帰って、二人で話したそうです。そしたら、元に戻すことはできないからって、仲良くなったって。「元に戻すのは無理だから、これから仲良くしよう」っていうことになったそうです。そんなものなんですよ、人間というものは。

――でも仲良くしようと思わないと仲良くしないですね。

我聞　そうですよ。だから私のところに相談に来たことがターニングポイントになったわけです。そういうふうに考えると、人に相談するということは大事なんですよ。

相談12　親とうまくいかない

親だって人間だから、腹の立つことを言われることもあると思います。でも自分をこの世に生み出してくれた恩人であることを忘れてはいけません。その感謝の念さえあれば、うまく付き合っていくことができるでしょう。

――次のお悩みはさっきの逆で「親とうまくいかない」というものです。

我聞　なんで親とうまくいかないの？　親って自分を生んでくれた人でしょう？　その恩人と仲良くできないって、何がうまくないの？

――例えば顔を合わせるとすぐケンカになっちゃうとか。

我聞　ケンカに？　原因は何なの？

——原因がよくわからないことが多いようです。

我聞　要するに子供が何かすると親がケチをつけるんだな。

——今は親が好きになれなくて悩んでいる人って、たくさんいるみたいです。

我聞　そんなのまったく悩むことはないです。なぜかというと、自分を生んでくれたんですよ、親が。それに感謝して「私を生んでくれてありがとうございます」と、それだけでいいじゃないですか。「あとは自分の生き方をしますよ」って親に言えばいいんです。生んでくれたことは確かにありがたい。当たり前ですよ。尊い命をいただいた親に対して感謝の気持ちがなきゃいかんってことは、自明のことですよね。

その感謝の気持ちが根底にあったら、些細なことでは腹を立てられませんよね。親をバカになんかできませんよね。

——バカにはしてないけど、親に何を言われても耐えなきゃいけないのかなっていう疑問がある子供はいると思います。

我聞　それはね、やっぱりもう少し人間が大きくならないといかんね。親もそうだけど、子供もね。例えば子供が三十歳を過ぎればね、親が何か腹の立つことを言ったとしても、どういう気持ちで親が言ってるかがわかるはずです。そしたら、それはいったん胸の中に入れて、自分はこうやって生きてやろうと決意すればいいだけです。

ああいう親だけど、自分は親以上の立場に立ってやろうということですね。親以上の存在に自分がなるということを考えないと。

これは親をバカにするという意味じゃないですよ。親は自分を生んでくれた人だから、世界でただ一人の自分の親なんです。だから、どんなことがあっても「自分を生んでくれてありがとう」という感謝の気持ちは忘れてはダメですね。

相談13　いやがらせをする上司が嫌い

いわゆるパワハラに対しては、一人の人間としてきちんと対処すべきです。それで解決しなければ、さっさとそんな職場は辞めてしまいましょう。そして、やりたいことを力いっぱいやればいいんです。

――今度は会社の人間関係のお悩みです。「いやがらせをする上司が嫌い」ということですが。

我聞　いやがらせって、どういういやがらせかわからんけど、エッチなことかい？

――いや、たぶん仕事のことですね。

我聞　仕事のことだったら、「はいはい」と聞いて、受け流す。それから「自分の立場としてはこういう意見を持ってますよ」と、はっきり言うべきですよ。

――要するに、この相談者の上司は相談者のことが嫌いなんでしょうね。だからいろいろと意地悪をするのではないでしょうか。

我聞　私だったら売られたケンカは買ってやるね。いくら上司だといっても、人間としては互角なんだから、こちらの人間性を否定するような言葉を使ったりしたら、こっちにも考えがあるぞと。一個の人間として私を尊敬してないのかっていうことで、対決しますよ。

――お得意の「ケンカ上等」ですね。

我聞　当たり前ですよ。舐められたら許しません。仕事上のことなら上司だから聞きますよ。業務命令ですから。でも人間関係については関係ないでしょう。みんな平等ですよ。

上司だろうが、部下だろうが同じ人間であることには変わりはない。そこがポイントです。私はいつもそう考えています。だから怖いものはないですね。

――それでもうまくいかない場合は、この仕事を辞めちゃってもいいんでしょうか？

我聞　辞めればいいね。他に職場はいっぱいあるじゃないですか。さっさと辞めて、自分の好きなことをやること。これが人生を全うするということですよ。我慢ばっかりしてたってしょうがないでしょう。

自分のやりたいことがいっぱいあったら、その世界を自分で切り開けばいい。例えば会社を作るとかやればいいじゃないですか。やることはいっぱいあるんですよ。私だって八十五年も生きてきているけど、まだまだやることがいっぱいあるんです。あと百年ぐらい生きたいですよ、まだ。少なくとも気持ちの上ではね。

相談14　同僚とうまくいかない

同僚との人間関係がうまくいかない背景には、きっと複雑な事情があるのでしょう。そこを理解しようという姿勢をもつことで、解決に向けて一歩前進するのではないでしょうか。

――同じく職場内のお悩みです。今度は上下関係ではなく、同僚とうまくいかないということですが。

我聞　同僚の立場とか、何を考えているのかとか、そういうことを理解することももちろん大事ですよ。大事だけど、同僚といっても一対一の人間同士なんです。だから最低限、お互いの立場を尊敬できなきゃ人間関係が築けないでしょう。

同僚だからって相手が言ったことをそのまま聞かなきゃいけないということはないはずです。どちらかがいつも譲歩するのではなく、お互いに五分と五分で意見をぶつけられるような関係でなきゃダメですね。常にお互いに意見を言い合えるようでなければ。

ただ、人間関係がうまくいかないということは、そこに何があるはずです。相手の立場とか身分とか、こちらの状況とか、簡単には説明のつかない複雑な事情があるのでしょうが、まずはそういうものを理解しようとした上で相手に対応するべきです。

そういうことを踏まえないと、かえって傷つけますからね。言いたいことをただ言い合うだけでは、こじれるだけです。そのあたりをちゃんと理解してないと、いつまで経ってもうまくいかないでしょうね。

ん桜

相談15　元カレ・元カノが忘れられない

昔付き合った人が忘れられないなら、連絡して会えばいいと思います。断られたら諦めればいい。私は恋愛は自由であるべきと考えていますから、自分の心には素直に従います。

――元カレ、元カノが忘れられない。要するに、昔付き合った人にまだ思いがあるというお悩みですね。

我聞　別に忘れる必要はないじゃないですか。

――思いを引きずっていてもいいんですか？

我聞　いいんですよ。寝る時に昔の彼女の姿が出てきて、それで気持ちよく寝られれば、結構なことじゃないですか。

――またお付き合いしたいとか、そういう気持ちになったらどうなんでしょう。

我聞　私は付き合うべきと思いますね。いつでも会いたくなったら会えばいい。もっとも、相手がＯＫでないとダメですけど。相手もいいというのであれば、堂々とお付き合いすればいい。私は平気ですよ。

そういうのがけしからんと、私のことを嫌いになるのなら、どうぞ勝手に出て行って構いません。基本的に、そういうのは自由であるべきじゃないですか？

――本来、恋愛は自由であるべきなんですね？

我聞　そうですよ。人の心まで縛るなんてとんでもない話だと私は思っています。不謹慎に感じられた人がいたら、すみません。

空手

相談16　自分が好きになれない

――これも若い人に多い悩みです。「自分が好きになれない」という相談ですが。

我聞　自分が好きになれないっていうのは、自分が自分であることをわかってない証拠じゃないですか？　自分がどういう人間なのか、自分で理解していないと思いますよ。だから自分で自分を好きになれないんでしょう。

人間は誰でも長所と短所を持っています。短所ばかりを見れば、嫌になってしまうこともあるでしょう。でも長所を見て、そこから発展する可能性を考えたら、簡単に見捨てることはできないはずです。

「自分はこういう人間なんだ」っていう、そういうふうに自分を理解する力を持ってないところに、この相談者の問題があると思いますね。

――では、どうしたらいいですか？

我聞　それはね、やっぱり自分を反省して振り返って、常に客観視することでしょうね。自分の視点だけでなく、他人の立場も考えてやるとか、相手があゝいうふうにしてきたら、自分はどうするかとか、向こうがこう出てきたら自分はこうするとかって、そういうふうにお互いの立場を常に置き換えてみたりして考えるクセをつけることですよ。

――じゃあ本を読んだり、映画を見たりするのもいいわけですか？

我聞　もちろんですよ。本を読めば人間性の理解が深まるじゃないですか。我聞宗心の本を読めば、著者がバカだっていうことがわかるわけですよ。それでいいんですよ。

――とにかく勉強しなさいということですね？

我聞　そうです。

されば人死を憎まば生を愛すべし
存命の悦び日々に楽しまざらんや

相談17　親の介護で大変

弱ってしまった親の面倒を在宅で見るか、施設に入れるかというのは大変な決断だと思います。でも自分で考えていったん決めたら、もう迷わないことです。

――「親の介護で大変です」ということは、ご自宅で親の面倒を見ている人のお悩みですね。

我聞　親の介護で大変って、親が自分を生んでくれたんですよね。それなら介護するのは当たり前ですよ。何が大変なの？

――要するに忙しくて、自分の仕事もしなきゃいけないし、痴呆が入ってくるとわがままになるじゃないですか。介護するほうはストレスが溜まる一方だけど、それを親にぶつけるわけにはいかないし、全部受け止めなければいけないと自分を追い込んでしまう。だから精神的に大変だと思うんですね。そういう方に何か言ってあげられることがあれば。

我聞　そうだな、あんまり気にしないな私は。私は思い詰めないと思いますよ。きちんと自分の考えを持っていれば、それで決断すればいいんですよ。迷うことはないね。

――じゃあ老人ホームに入ってもらっても構わないってことですか。

我聞　そのために老人ホームはあるんじゃないですか？　面倒を見きれないのなら、施設に預けるのはおかしなことではないでしょう。

――自分で面倒見なきゃいけないと思い込んじゃうんですよね。世間の目とかを気にして。

我聞　そういう罪悪感がある人もいますね。それはそれで、だったら自分が責任持って見ればいいじゃないですか。預けるのがいいんだったら預ければいい。どちらを選ぶのも自由じゃないですか。

——どっちか選んだら、それで頑張れと。

我聞 そうです。その通り。自分が決めたことで頑張ればいいんです。預けて自分が働くということなら働けばいいじゃないですか。そこがしっかりしてないから迷っちゃう。

——自分の覚悟、決意がしっかりしてないと。

我聞 そこなんです。自分が稼いで親も楽にしてやろうと思うなら、週に一回会いに行けばいい。それでいいじゃないですか。親は子供が頑張っていれば、寂しいなんて思わないでしょう。

相談18　娘・息子が結婚しない

――最後のお悩みです。子供が結婚しない。

我聞　結婚しないの？　何で？

――今は五十歳とかになっても独り者で、親と一緒に暮らしている人が結構います。

我聞　結婚しないのが好きなの？　本当はしたいのにできないの？

――それはわかりませんが、親の目から見て心配なんだと思います。

我聞　親が心配なら、結婚相手を親が連れてきたらどうなの？　親が子供のところに「この人どう？」ってどんどん連れてきたらいいんじゃないの？　結婚するまでずっと。人に頼んでもいいじゃないですか。

――心配なら行動しなさいと。

我聞　そうすれば親としても満足できると思いますよ。それでもだめならしょうがないと諦めもつくでしょう。

――やれることをやったらもう悩まない。

我聞　当たり前ですよ。やることはやる。悩むことなんかなにもない。行動しないで、口先だけでああだこうだと言ってるから悩みになるんです。悩みとは、思い通りにいかないことです。それを解決するなら、まず行動しないと。考えているだけで解決するなら、世の中に悩みなんてありませんよ。

おわりに

「我聞先生には悩みはないんですか？」

と聞かれることがよくあるが、私には悩むことは何もない。今まで自分の思う通りに行動してきたし、それなりの結果を出してきた。そのことには満足しているし、足りないと思うことについては、計画を修正して対応してきた。

ただ、残念に思っていることは一つだけある。それは、赤ちゃんを産みたいのに産めないということだ。

男なのだから、産めないのは当たり前と思うかもしれないが、アメリカでは三人の男性が子供を産んでいる。自分のパートナーの卵子に自分の精子を受精させた受精卵を腸に入れて大きくしたらしい。

そのニュースを聞いた私は、すぐ浜松医大に行ってお医者さんに相談した。そしたら、「日本じゃできません」という返事だった。技術的にどうこうという前に、法律の問題がクリアできないようだった。

「では今叶えたい望みは？」と聞かれると、「宇宙のどこかに、地球と同じような星があるなら行ってみたい」と答えている。

荒涼とした岩と氷の世界なら、行くまでもないと思っているが、宇宙のどこかには地球と同じように人間が生活できる世界があるのかもしれない。もちろん、そんなところがあったとしても、見つかるのはずっと先の話なのだろう。

ならば自分の時代は、地球で十分だと思うことにする。高齢化社会になってこれから人口も減ってくるらしいから、土地も余ってくるだろう。それなら遠くまで行かなくても、地球で楽しく暮らせそうだ。


私の我聞亭遊庵には三千坪の敷地がある。春は山桜、秋は紅葉で、それは見事な風景だ。そんなところで毎日、悠々自適の生活を送っているのだから、悩んだり羨んだりすることはあるはずもない。毎日夜六時には寝て、夜中の十二時に起きる暮らしだから、一日がとても充実している。夜遊びもしないし、テレビも見ない。そもそも私のところにはテレビがない。

私は今八十五歳だが、できることならあと百年は生きたいと思っている。やりたいことを全部叶えるには、そのくらいの時間が必要なのだ。だから、健康を損なうような不摂生はしない。食事は腹六分目を一日四回。炭水化物を控え目に、肉と魚と野菜をたっぷり食べている。

人生は目的を持って、計画を立てて進んで行くものだ。毎日ぼーっと寝て起きていても時間は過ぎていくが、それでは何のために親から命をもらったのかわからない。本書ではいろいろな悩みに対する私なりの答えを示したが、もちろんそれが唯一無二の正解だなどとは思っていない。ただ、私はそう考えると述べたまでである。どうか読者のみなさんも自分なりの答えを考えてみてほしい。自分なりの考えをまとめること。それが前向きに生きることの第一歩だと思うのだ。

〈著者プロフィール〉

我聞宗心（がもん　そうしん）

一九三八年（昭和十三年）静岡県生まれ。中央大学法学部卒業。

大学浪人時代から商売を営み、学費自己負担で大学に通う。大学時代は学生運動に参加、そのため司法試験面接で国家転覆の恐れありとして不合格となる。

大学卒業後は県教育委員会に奉職して教員となり、その傍らアパート・飲食店等を営む。また、居合道・茶道・労務士・アーク・水難救助指導員等のさまざまな資格を取得し、人命救助の場面に遭遇して十二人を救助している。

六十歳で教員を終了し、ハウスクリーニング・造園・保育所・介護施設等を営む。七十歳で山野に学び、大事を悟る心境に至り、四十八歳時に建設した奥浜名湖別宅（我聞邸遊庵）に本拠を置く。

現在は十八時に寝床、二十四時に起床という生活を送っている。午前四時までに事務処理等を済ませ、ジョギングに出る。七時には帰り、一日がスタートする。

福祉施設（介護施設・保育園等）経営、マンション・アパート経営、経営コンサルタント。司法行政書士、宅建取引主任者、水難救助指導員、二級小型船舶操縦資格取得、造園技能士、居合道師範、少林寺拳法師範、柔道三段、書道二段、人命救助表彰。

我聞亭遊庵では「我聞塾」を開設し、四大教訓「三つの恩」「三つの徳」「三つの善」「三つの悪」を実践し、教えている。同塾では経営、茶道、花道、茶懐石料理、着付、絵画、書道、陶芸、姓名判断、人生相談等の教室を開き、自然農園等も営んでいる。

著書は『句集　遊庵の四季』、『愉しく、徳する生き方75章』、『誇りある人生八十年十三の故郷』（以上、文芸社）、『風恬かに声希かなる：遊庵俳句集』、『明日を拓く75章』、『誇りある人生：私の八十年の軌跡』、『A Peaceful Wind, A Soft Voice : Yu-an Haiku Collection』、『75 Chapters that Clear the Path for Tomorrow : To Live Happily and Virtuously』、『A Proud Life : My Path of Eighty Years』（以上22世紀アート）。

我聞先生の人生指南

2023年5月31日発行
著　者　我聞宗心
発行者　向田翔一

発行所　株式会社22世紀アート
〒103-0007
東京都中央区日本橋浜町3-23-1-5F
電話　03-5941-9774
Email: info@22art.net　ホームページ: www.22art.net

発売元　株式会社日興企画
〒104-0032
東京都中央区八丁堀4-11-10 第2SSビル 6F
電話　03-6262-8127
Email: support@nikko-kikaku.com
ホームページ: https://nikko-kikaku.com/

印刷
製本　株式会社PUBFUN

ISBN : 978-4-88877-210-5